서강 한국어

THIRD EDITION

한글

머리말

<서강한국어 한글>은 기존의 <서강한국어 뉴시리즈 Student's Book 1A>에서 8페이지로 구성된 한글 학습 내용을 별도의 책으로 출간한 것입니다.

한글 학습은 대부분의 기관에서 일주일 내에 끝나는 경우가 많습니다. 한글의 정확한 습득 여부는 차후 한국어 학습에서 결정적인 역할을 하므로 이 단계의 중요성을 체감하는 많은 국내외 한국어 교사들이 서강대학교 한국어교육원의 한글 교수법에 대해 많이 문의하셨습니다. 따라서 서강한국어 1A·1B 개정 3판을 출간하며 서강대학교 한국어교육원의 실제 한글 교수 방법을 책으로 출간하게 되었습니다.

이 교재는 실제 서강대학교 한국어교육원에서 선생님들이 한글 교수 때 사용하는 교실 활동 방법을 기반으로 학습자의 자가 학습, 반복 학습이 가능하도록 한글 발음 학습 쇼츠 영상을 수록하였습니다.

<서강한국어 한글>은 학습자와 교수자의 편의성을 위해 다음과 같이 구성하였습니다.

1. 한글의 자모 학습 순서를 학습의 난이도에 따라 단계적으로 구성하였습니다.

2. 자음의 손쉬운 구별을 위해 색을 달리하였으며 같은 조음 위치의 평음, 격음, 경음을 관련성 있게 기억시키기 위해 같은 계열의 색깔로 표시하였습니다.

3. 한글 학습을 말하기 활동, 읽기 활동, 듣기 활동, 게임 등의 다양한 교실 활동으로 구성하였습니다.

4. 교실 활동을 상세히 설명하고, 수업에서 바로 사용할 수 있는 글자판과 게임 자료를 책에 실었습니다.

5. 한글 발음 학습 쇼츠 영상을 QR코드로 수록하여 자가 학습과 반복 학습이 가능하도록 하였습니다.

이 책이 한국어 학습자들에게는 한글을 좀 더 재미있게 배울 수 있도록 하고, 한국어 교수자에게는 한글 교수 시 실제적이고 유용하게 쓰이기를 바랍니다.

2024년 8월
서강대학교 한국어교육원 1급 연구개발진 일동

Sogang Korean Hangeul is a new book that builds upon the eight pages about hangeul that appeared in Student's Book 1A in Sogang Korean's expanded second edition, also called the new series.

Most Korean language schools dedicate a week to teaching hangeul. And no wonder, given how critical an accurate understanding of hangeul is to one's future study of Korean. In the knowledge of hangeul's importance, teachers both in Korea and overseas have made inquiries about the hangeul pedagogy employed at Sogang University's Korean Language Education Center (KLEC). Such interest inspired us to publish a book detailing our actual hangeul teaching methods as part of the revised third edition of Sogang Korean 1A & 1B.

This textbook includes short videos modeling the pronunciation of Korean letters based on actual hangeul lessons at the KLEC so that students can keep working on their pronunciation outside of the classroom.

Sogang Korean Hangeul is organized as follows for the benefit of both teachers and learners.

1. The hangeul consonants are presented in steps based on their difficulty for learners.

2. The consonants are presented in different colors to make them easier to distinguish. The plain, aspirated, and tense consonants from the same place of articulation are depicted in the same color so that learners can remember their relationship.

3. Hangeul learning is facilitated by various classroom activities including speaking, reading, listening, and games.

4. This book includes not only detailed explanations of classroom activities but also letter cards and game materials that can be put to immediate use.

5. Short videos about pronouncing Korean letters are made available through QR codes for ongoing practice and self-study.

We hope this book will not only be a practical and useful resource for Korean teachers, but will also make hangeul more enjoyable for Korean learners.

August 2024
Level one curriculum development team
Sogang University Korean Language Education Center

내용 구성표

	1차시	2차시
한글1	p.20 • 아 어 오 우 으 이 이 오 아이 오이 • ㅁ ㄴ ㄹ ㅇ 이마 나무 오리	p.24 🎲 게임 1 🎲 게임 2
	• '아, 어, 오, 우, 으, 이'의 차이를 구별할 수 있다 • 모음과 자음이 결합하여 소리를 만들어 내는 것을 이해할 수 있다.	
한글2	p.28 • 야 여 요 유 의 우유 여우 요리 • ㄱ ㄷ ㅂ ㅅ ㅈ 구 다리 바다 사 모자	p.32 • 받침① ㅁ ㄴ ㄹ ㅇ 밤 반 발 방 🎲 게임
	• 단모음과 이중모음의 차이를 구별할 수 있다. • 자음 'ㄱ, ㄷ, ㅂ, ㅅ, ㅈ'을 구별할 수 있다. • 받침을 이해하고 받침 발음을 구별할 수 있다.	
한글3	p.40 • 애 에 왜 웨 외 배 가게 돼지 웨딩드레스 왼손 • ㅋ ㅌ ㅍ ㅊ ㅎ 카드 사탕 팔 칠 공항	p.44 • 받침② ㄱ ㅂ ㄷ ㅅ ㅈ 책 집 곧 옷 낮 🎲 게임
	• 단모음과 이중모음의 차이를 구별할 수 있다. • 평음과 격음을 구별할 수 있다. • 받침을 이해하고 받침 발음을 구별할 수 있다.	
한글4	p.50 • 얘 예 와 워 위 얘기 시계 화장실 더워요 가위 • ㄲ ㄸ ㅃ ㅆ ㅉ 까만색 딸기 바빠요 싸요 날짜	p.54 • 받침③ ㅋ ㅍ ㅌ ㅊ ㅎ 키읔 잎 솥 꽃 히읗 • 노래 〈작은 별〉
	• 단모음과 이중모음의 차이를 구별할 수 있다. • 평음과 격음, 경음을 구별할 수 있다. • 받침을 이해하고 받침 발음을 구별할 수 있다.	
생활 한국어	생활 한국어	

3차시

p.25

- 읽고 말하기
- 듣고 말하기

- 모음을 구별해서 읽고 들을 수 있다.
- 자음을 구별해서 읽고 들을 수 있다.
- 모음과 자음을 구별해서 단어를 읽고 들을 수 있다.

p.35

- 읽고 말하기
- 듣고 말하기
   게임 1
   게임 2

- 이중모음을 구별해서 읽고 들을 수 있다.
- 자음을 구별해서 읽고 들을 수 있다.
- 받침 발음을 구별해서 읽고 들을 수 있다.

p.46

- 읽고 말하기
- 듣고 말하기
   게임

- 이중모음을 구별해서 읽고 들을 수 있다.
- 평음과 격음을 구별해서 읽고 들을 수 있다.
- 받침 발음을 구별해서 읽고 들을 수 있다.

p.56

- 읽고 말하기
- 듣고 말하기
   게임

- 이중모음을 구별해서 읽고 들을 수 있다.
- 평음과 격음, 경음을 구별해서 읽고 들을 수 있다.
- 받침 발음을 구별해서 읽고 들을 수 있다.

📖쓰기 4차시

p.14

- 쓰기
- 받아쓰기 A·B
- 퀴즈

- 모음을 듣고 구별해서 쓸 수 있다.
- 자음과 모음을 결합해서 쓸 수 있다.

p.19

- 쓰기
- 받아쓰기 A·B
- 퀴즈

- 이중모음을 구별해서 쓸 수 있다.
- 자음과 모음을 결합해서 쓸 수 있다.
- 받침 발음을 듣고 쓸 수 있다.

p.25

- 쓰기
- 받아쓰기 A·B
- 퀴즈

- 이중모음을 구별해서 쓸 수 있다.
- 평음과 격음을 구별해서 쓸 수 있다.
- 받침 발음을 듣고 쓸 수 있다.

p.31

- 쓰기
- 받아쓰기 A·B
- 퀴즈

- 이중모음을 구별해서 쓸 수 있다.
- 평음, 격음, 경음을 구별해서 쓸 수 있다.
- 받침 발음을 듣고 쓸 수 있다.

Table of Contents

	First Period	Second Period
Hangeul 1	p.20 • 아 어 오 우 으 이 이 오 아이 오이 • ㅁ ㄴ ㄹ ㅇ 이마 나무 오리 • You can distinguish the vowels 아, 어, 오, 우, 으, and 이. • You understand that vowels and consonants combine to make syllables.	p.24 🎲 Game 1 🎲 Game 2
Hangeul 2	p.28 • 야 여 요 유 의 우유 여우 요리 • ㄱ ㄷ ㅂ ㅅ ㅈ 구 다리 바다 사 모자 • You can tell the difference between single and double vowels. • You can distinguish the consonants ㄱ, ㄷ, ㅂ, ㅅ, and ㅈ. • You understand batchim and can distinguish their pronunciation	p.32 • Batchim① ㅁ ㄴ ㄹ ㅇ 밤 반 발 방 🎲 Game
Hangeul 3	p.40 • 애 에 왜 웨 외 배 가게 돼지 웨딩드레스 왼손 • ㅋ ㅌ ㅍ ㅊ ㅎ 카드 사탕 팔 칠 공항 • You can tell the difference between single and double vowels. • You can distinguish between plain and aspirated consonants. • You understand batchim and can distinguish their pronunciation.	p.44 • Batchim② ㄱ ㅂ ㄷ ㅅ ㅈ 책 집 곧 옷 낮 🎲 Game
Hangeul 4	p.50 • 얘 예 와 워 위 얘기 시계 화장실 더워요 가위 • ㄲ ㄸ ㅃ ㅆ ㅉ 까만색 딸기 바빠요 싸요 날짜 • You can tell the difference between single and double vowels. • You can distinguish between plain, aspirated, and tense consonants. • You understand batchim and can distinguish their pronunciation.	p.54 • Batchim③ ㅋ ㅍ ㅌ ㅊ ㅎ 키읔 잎 솥 꽃 히읗 • Song: "Twinkle, Twinkle, Little Star"
Korean for Daily Life	Korean for Daily Life	

Third Period

p.25

- Reading and Speaking
- Listening and Speaking

• You can distinguish vowels when reading and listening.
• You can distinguish consonants when reading and listening.
• You can distinguish between vowels and consonants when reading and listening to words

p.35

- Reading and Speaking
- Listening and Speaking

 Game 1   Game 2

• You can distinguish between double vowels when reading and listening.
• You can distinguish between consonants when reading and listening.
• You can distinguish the pronunciation of batchim when reading and listening.

p.46

- Reading and Speaking
- Listening and Speaking

 Game

• You can distinguish between double vowels when reading and listening.
• You can distinguish between plain and aspirated consonants when reading and listening.
• You can distinguish the pronunciation of batchim when reading and listening.

p.56

- Reading and Speaking
- Listening and Speaking

 Game

• You can distinguish between double vowels when reading and listening.
• You can distinguish between plain, aspirated, and tense consonants when reading and listening.
• You can distinguish the pronunciation of batchim when reading and listening.

쓰기 Fourth Period

p.14

- Writing
- Dictation A & B
- Quiz

• After listening to vowels, you can distinguish them in your writing.
• You can write consonants and vowels in combination.

p.19

- Writing
- Dictation A & B
- Quiz

• You can distinguish between double vowels in your writing.
• You can write consonants and vowels in combination.
• You can write batchim after listening to their pronunciation.

p.25

- Writing
- Dictation A & B
- Quiz

• You can distinguish between double vowels in your writing.
• You can distinguish between plain and aspirated consonants in your writing.
• You can write batchim after listening to their pronunciation.

p.31

- Writing
- Dictation A & B
- Quiz

• You can distinguish between double vowels in your writing.
• You can distinguish between plain, aspirated, and tense consonants in your writing.
• You can write batchim after listening to their pronunciation.

일러두기 How to Use This Book

표지 Intro

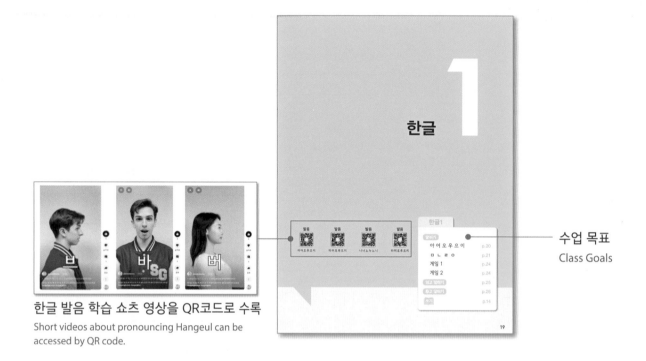

한글 발음 학습 쇼츠 영상을 QR코드로 수록
Short videos about pronouncing Hangeul can be accessed by QR code.

수업 목표
Class Goals

말하기 Speaking

QR코드를 스캔하면 발음 녹음 파일로 연결
Scan the QR code to access recordings of pronunciation.

자음마다 색을 달리하여 구분
Consonants are distinguished with colors.

교실 활동에 활용할 수 있는 글자판 제시
Character cards are provided for use in classroom activities.

관련 사진 제시
Related photographs are provided.

교실 활동 방법 설명 제시
Explanations are provided about how to do classroom activities.

짝 활동
Pair Activities

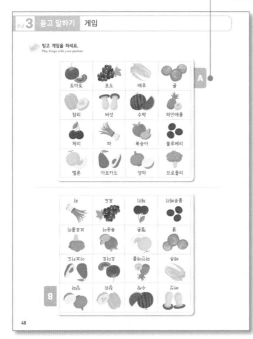

그룹 활동
Group Activities

부록에 수록한
한글 카드를 활용한
그룹 활동
Hangeul cards in the
appendix can be used
for group activities.

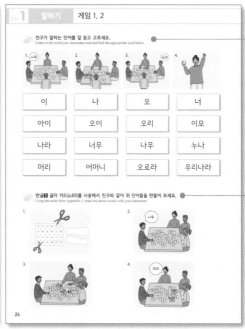

읽고 말하기 Reading and Speaking

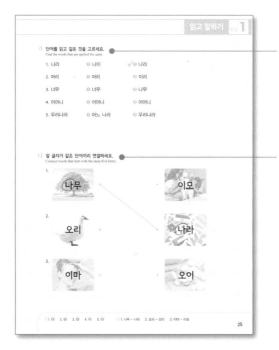

단어를 읽고 같은 단어 고르기
Read the words and find the one
that matches.

앞 글자가 같은 단어끼리 연결하기
Match the words with the same initial
syllable.

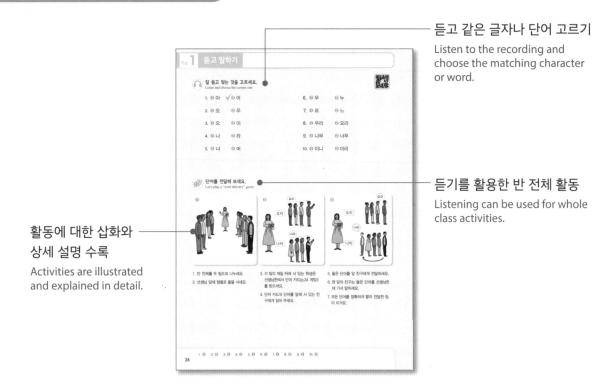

듣고 같은 글자나 단어 고르기
Listen to the recording and choose the matching character or word.

듣기를 활용한 반 전체 활동
Listening can be used for whole class activities.

활동에 대한 삽화와 상세 설명 수록
Activities are illustrated and explained in detail.

\<서강한국어 Writing Book\>과 연계 Connection with *Sogang Korean Writing Book 1A*

QR코드로 획순 동영상 수록
Videos about stroke order can be accessed via QR code.

자가 학습, 반복 학습 가능
This makes possible ongoing practice as well as self-study.

\<서강한국어 Workbook\>과 연계 Connection with *Sogang Korean Workbook 1A*

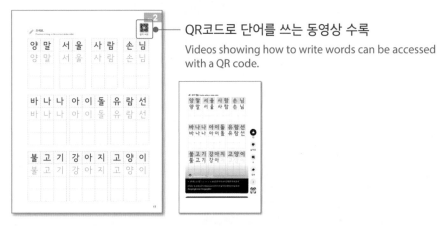

QR코드로 단어를 쓰는 동영상 수록
Videos showing how to write words can be accessed with a QR code.

목차 Contents

머리말 Introduction ⋯⋯⋯⋯⋯⋯⋯⋯⋯⋯⋯⋯⋯⋯ **2**

내용 구성표 Table of Contents ⋯⋯⋯⋯⋯⋯⋯⋯⋯⋯ **4**

일러두기 How to Use This Book ⋯⋯⋯⋯⋯⋯⋯⋯⋯ **8**

한국어와 한글 The Korean Language and Hangeul ⋯⋯⋯ **12**

한글1과 Hangeul 1	아 어 오 우 으 이 ⋯⋯⋯⋯⋯⋯⋯ **20**
	ㅁ ㄴ ㄹ ㅇ ⋯⋯⋯⋯⋯⋯⋯⋯ **21**
	게임 Game 1·2 ⋯⋯⋯⋯⋯⋯ **24**
	읽고 말하기 Reading and Speaking ⋯ **25**
	듣고 말하기 Listening and Speaking ⋯ **26**

한글2과 Hangeul 2	야 여 요 유 의 ⋯⋯⋯⋯⋯⋯⋯ **28**
	ㄱ ㄷ ㅂ ㅅ ㅈ ⋯⋯⋯⋯⋯⋯ **29**
	받침① ㅁ ㄴ ㄹ ㅇ Batchim ⋯⋯ **32**
	게임 Game ⋯⋯⋯⋯⋯⋯⋯⋯ **34**
	읽고 말하기 Reading and Speaking ⋯ **35**
	듣고 말하기 Listening and Speaking ⋯ **36**
	게임 Game 1·2 ⋯⋯⋯⋯⋯⋯ **37**

한글3과 Hangeul 3	애 에 왜 웨 외 ⋯⋯⋯⋯⋯⋯⋯ **40**
	ㅋ ㅌ ㅍ ㅊ ㅎ ⋯⋯⋯⋯⋯⋯ **41**
	받침② ㄱ ㅂ ㄷ ㅅ ㅈ Batchim ⋯ **44**
	게임 ⋯⋯⋯⋯⋯⋯⋯⋯⋯⋯ **45**
	읽고 말하기 Reading and Speaking ⋯ **46**
	듣고 말하기 Listening and Speaking ⋯ **47**
	게임 Game ⋯⋯⋯⋯⋯⋯⋯⋯ **48**

한글4과 Hangeul 4	얘 예 와 워 위 ⋯⋯⋯⋯⋯⋯⋯ **50**
	ㄲ ㄸ ㅃ ㅆ ㅉ ⋯⋯⋯⋯⋯⋯ **51**
	받침③ ㅋ ㅍ ㅌ ㅊ ㅎ Batchim ⋯ **54**
	노래 <작은 별> Song: "Twinkle, Twinkle, Little Star" ⋯ **55**
	읽고 말하기 Reading and Speaking ⋯ **56**
	듣고 말하기 Listening and Speaking ⋯ **57**
	게임 Game ⋯⋯⋯⋯⋯⋯⋯⋯ **58**

겹받침 Double Batchim ⋯⋯⋯⋯⋯⋯⋯⋯⋯⋯⋯ **59**

생활 한국어	생활 한국어 Korean for Daily Life ⋯⋯ **60**

부록 Appendix	정답, 한글1 글자 카드, 한글2 자음·모음 카드, 트랙 목차 ⋯ **64**
	Answer Key, Hangeul 1 letter cards, Hangeul 2 Consonant and vowel cards

Ⅰ. 한국어와 한글

'한글'은 한국의 고유 문자 체계로 15세기 조선시대에 세종대왕(1397~1450)이 만들었습니다. 그전까지는 중국의 한자를 빌려 사용했는데, 일반 백성들이 사용하기에는 어려움이 컸습니다. 이에 누구나 사용하기 쉬운 문자 체계의 필요성을 느낀 세종대왕이 새로운 문자 체계를 발명하였고, '백성을 가르치는 바른 소리'라는 뜻의 '훈민정음(1443)'이라는 이름을 붙였습니다.

Ⅱ. 한글의 구성

한글은 모음 21개와 자음 19개, 총 40개의 글자로 구성되어 있습니다.

1. 모음

한글의 모음은 하늘(•), 땅(一) 그리고 사람(|)을 상징하는 기호로 표현했습니다.

| + • = |• = ㅏ   • + | = •| = ㅓ

• + 一 = •。 = ㅗ   一 + • = 。 = ㅜ

> 모음 21개 : ㅏ ㅑ ㅓ ㅕ ㅗ ㅛ ㅜ ㅠ ㅡ ㅣ ㅐ ㅔ ㅒ ㅖ ㅘ ㅙ ㅝ ㅞ ㅚ ㅟ ㅢ

2. 자음

한글의 자음은 소리가 나는 위치와 소리를 내는 방법에 따라 발음 기관의 모양을 본떠 만들었습니다.

기본 자음	ㄱ	ㄴ	ㅁ	ㅅ	ㅇ
발음 기관	혀 뿌리와 부드러운 입천장	혀끝과 단단한 입천장	입술	혀와 치아	목구멍

이 5개의 자음(ㄱ, ㄴ, ㅁ, ㅅ, ㅇ)을 기본으로 획을 추가하거나 같은 자음을 더하여 총 19개의 자음을 만들었습니다.

자음 19개 : ㄱ ㄴ ㄷ ㄹ ㅁ ㅂ ㅅ ㅇ ㅈ ㅊ ㅋ ㅌ ㅍ ㅎ ㄲ ㄸ ㅃ ㅆ ㅉ

3. 음절과 문장의 구성

(1) 음절 유형

한글의 모든 글자는 자음과 모음을 음절 단위로 모아서 씁니다.

유형1 **자음 + 모음**

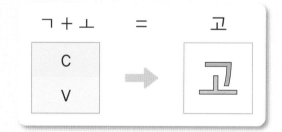

유형2 **음가가 없는 'ㅇ' + 모음**

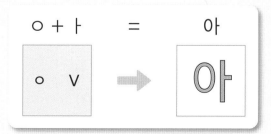
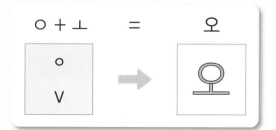

유형3 자음 + 모음 + 받침

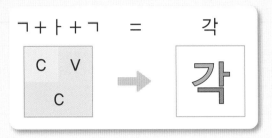 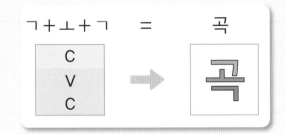

유형4 음가가 없는 'ㅇ' + 모음 + 받침

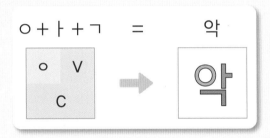 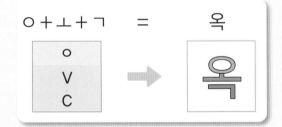

(2) 문장

한국어는 조사로 문장 성분을 구별할 수 있습니다. 아래 예문에서 주격 조사 '이/가'와 목적격 조사 '을/를'을 붙여 주어와 목적어의 구분을 확인할 수 있습니다.

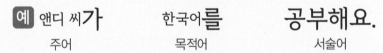

예 앤디 씨**가**　　　한국어**를**　　　공부해요.
주어　　　　　　　목적어　　　　　서술어

4. 한글 쓰는 법과 띄어쓰기

(1) 한글 쓰는 법

한글에는 획순이 있습니다. 왼쪽에서 오른쪽으로, 위에서 아래의 차례로 씁니다. 그리고 모음은 자음의 오른쪽이나 아래에 씁니다.

(2) 띄어쓰기

한국어는 조사를 중심으로 띄어쓰기를 합니다.

| 예 | 앤 | 디 | 가 | 방 | 에 | 들 | 어 | 가 | 요 | . | ✕ |

위 예문에서 '앤디' 뒤에 있는 '가'는 주어를 나타내는 조사로, 띄어 쓰지 않으면 다른 의미로 읽힐 수 있습니다. 위 예문의 경우, 주격 조사 '가'를 '앤디'와 붙여 쓰지 않으면 '가방'으로 읽힙니다.

| ✕ | 앤 | 디 | | 가 | 방 | 에 | | 들 | 어 | 가 | 요 | . |

그렇기 때문에 한국어에서는 반드시 띄어쓰기를 해야 합니다.

| ⦿ | 앤 | 디 | 가 | | 방 | 에 | | 들 | 어 | 가 | 요 | . |

또한 문장이 끝날 때마다 구두점으로 표시를 해야 합니다. 평서문의 경우 '마침표(온점(.))'를 찍습니다. 여러 문장이 연결되어 문장이 길어질 경우, 의미가 구분되는 지점에 '쉼표(반점(,))'를 사용합니다. 의문문일 때에는 '물음표(?)'를, 감탄문일 때에는 '느낌표(!)'를 사용합니다.

.	마	침	표	(	온	점	)
,	쉼	표	(	반	점	)	
?	물	음	표				
!	느	낌	표				

앤	디		씨	,	안	녕	하	세	요	?		
아	!		미	나		씨	!		요	즘		잘		지	내	요	?
네	,		잘		지	내	요	.	앤	디		씨	는	요	?
저	도		잘		지	내	요	.

5. 발음

(1) 모음의 발음

모음	ㅏ	f<u>a</u>ther
	ㅓ	<u>a</u>go
	ㅗ	<u>o</u>ver
	ㅜ	m<u>oo</u>n
	ㅡ	p<u>u</u>t
	ㅣ	s<u>ee</u>
	ㅐ	c<u>a</u>re
	ㅔ	m<u>e</u>t
[y]계열 모음	ㅑ	<u>Ya</u>hoo
	ㅕ	<u>you</u>ng
	ㅛ	<u>yo</u>-yo
	ㅠ	<u>you</u>
	ㅒ	<u>ye</u>s
	ㅖ	<u>ye</u>llow
[w]계열 모음	ㅘ	Ha<u>wa</u>ii
	ㅚ	<u>way</u>
	ㅙ	<u>wei</u>ght
	ㅝ	<u>wa</u>r
	ㅞ	<u>we</u>ll
	ㅟ	<u>we</u>
–	ㅢ	–

- 애–에 , 얘–예 , 왜–웨–외 의 경우, 발음 구분이 거의 되지 않습니다.

(2) 자음의 발음

자음	초성	받침
ㄱ	gate, kite	sick
ㄴ	noon	moon
ㄷ	dog	cat
ㄹ	line, rain	mall
ㅁ	moon	mom
ㅂ	boy	cap
ㅅ	smile	cat
ㅇ	(No Sound)	young
ㅈ	joy	cat
ㅊ	church	cat
ㅋ	Korea	sick
ㅌ	table	cat
ㅍ	piano	cap
ㅎ	home	cat
ㄲ	skip	sick
ㄸ	stop	–
ㅃ	spy	–
ㅆ	sip	cat
ㅉ	pizza	–

1

한글

발음
아어오우으이

발음
마머모무므미

발음
나너노누느니

발음
라러로루르리

한글1

말하기

아 어 오 우 으 이	p.20
ㅁ ㄴ ㄹ ㅇ	p.21
게임 1	p.24
게임 2	p.24

읽고 말하기 p.25

듣고 말하기 p.26

쓰기 p.14

모음 Vowels

 듣고 따라 하세요.
Listen and repeat.

 연습해 보세요.
Let's practice.

1. 선생님이 읽는 글자를 찾으세요.

2. 선생님이 가리키는 글자를 읽으세요.

3. 친구하고 연습해 보세요.

| 아 | 어 | 오 | 우 | 으 | 이 |

1.

2.

3.

 읽어 보세요.
Let's read.

| 이 | 오 | 아이 | 오이 |

자음 Consonants

ㅁ ㄴ ㄹ ㅇ

🎧 **듣고 따라 하세요.**
Listen and repeat.

	아	어	오	우	으	이
ㅁ	마	머	모	무	므	미

👥 **연습해 보세요.**
Let's practice.

1. 선생님이 읽는 글자를 찾으세요.

2. 선생님이 가리키는 글자를 읽으세요.

3. 친구하고 연습해 보세요.

아	어	오	우	으	이
마	머	모	무	므	미

📖 **읽어 보세요.**
Let's read.

이마	이모

듣고 따라 하세요.
Listen and repeat.

ㄴ	아	어	오	우	으	이
	나	너	노	누	느	니

 연습해 보세요.
Let's practice.

1. 선생님이 읽는 글자를 찾으세요.

2. 선생님이 가리키는 글자를 읽으세요.

3. 친구하고 연습해 보세요.

아	어	오	우	으	이
마	머	모	무	므	미
나	너	노	누	느	니

 읽어 보세요.
Let's read.

나무

어머니

듣고 따라 하세요.
Listen and repeat.

ㄹ	아	어	오	우	으	이
	라	러	로	루	르	리

연습해 보세요.
Let's practice.

1. 선생님이 읽는 글자를 찾으세요.

2. 선생님이 가리키는 글자를 읽으세요.

3. 친구하고 연습해 보세요.

아	어	오	우	으	이
마	머	모	무	므	미
나	너	노	누	느	니
라	러	로	루	르	리

 읽어 보세요.
Let's read.

오리

머리

친구가 말하는 단어를 잘 듣고 고르세요.
Listen to the word your classmates read and find the appropriate word below.

이	나	오	너
아이	오이	오리	이모
나라	너무	나무	누나
머리	어머니	오로라	우리나라

 한글❶ 글자 카드(p.65)를 사용해서 친구와 같이 위 단어들을 만들어 보세요.
Using the cards from Appendix 1, make the above words with your classmates.

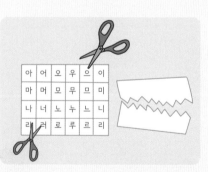

가 단어를 읽고 같은 것을 고르세요.
Find the words that are spelled the same.

1. 나라　　　❶ 나이　　　✔❷ 나라

2. 머리　　　❶ 머리　　　❷ 미리

3. 너무　　　❶ 너무　　　❷ 나무

4. 어머니　　❶ 어머나　　❷ 어머니

5. 우리나라　❶ 어느 나라　❷ 우리나라

나 앞 글자가 같은 단어끼리 연결하세요.
Connect words that start with the same first letter.

1. 　　　　　　　　　

2. 　　　　　　　　　

3. 　　　　　　　　　

잘 듣고 맞는 것을 고르세요.
Listen and choose the correct one.

1. ❶ 아 ✓❷ 어   6. ❶ 무   ❷ 누

2. ❶ 오   ❷ 우   7. ❶ 르   ❷ 느

3. ❶ 으   ❷ 이   8. ❶ 우리   ❷ 오리

4. ❶ 나   ❷ 라   9. ❶ 나무   ❷ 너무

5. ❶ 너   ❷ 머   10. ❶ 미니 ❷ 미리

단어를 전달해 보세요.
Let's play a "word delivery" game.

❶

❷ 오리 / 나라

❸ 오리 / 나라

1. 반 전체를 두 팀으로 나누세요.

2. 선생님 앞에 팀별로 줄을 서세요.

3. 각 팀의 제일 뒤에 서 있는 학생은 선생님한테서 단어 카드(p.24 게임1)를 받으세요.

4. 단어 카드의 단어를 앞에 서 있는 친구에게 읽어 주세요.

5. 들은 단어를 앞 친구에게 전달하세요.

6. 맨 앞의 친구는 들은 단어를 선생님한 테 가서 말하세요.

7. 모든 단어를 정확하게 빨리 전달한 팀이 이겨요.

1. ❷ 2. ❷ 3. ❶ 4. ❷ 5. ❶ 6. ❶ 7. ❶ 8. ❷ 9. ❶ 10. ❷

한글 2

발음

야여요유의

발음

가거고구그기

발음

다더도두드디

발음

바버보부브비

발음

사서소수스시

발음

자저조주즈지

발음
받침①

한글2

말하기

야여요유의   p.28

ㄱㄷㅂㅅㅈ   p.29

받침① ㅁㄴㄹㅇ   p.32

게임   p.34

읽고 말하기   p.35

듣고 말하기   p.36

게임 1   p.37

게임 2   p.38

쓰기   p.19

모음 Vowels

야 여 요 유 의

 듣고 따라 하세요.
Listen and repeat.

아	어	오	우
야	여	요	유

으 이

의

 연습해 보세요.
Let's practice.

1. 선생님이 읽는 글자를 찾으세요.

2. 선생님이 가리키는 글자를 읽으세요.

3. 친구하고 연습해 보세요.

1.

2.

3.

 읽어 보세요.
Let's read.

우유	여우	요리

자음 Consonants

ㄱ ㄷ ㅂ ㅅ ㅈ

🎧 **듣고 따라 하세요.**
Listen and repeat.

ㄱ	아	어	오	우	으	이
	가	거	고	구	그	기

📖 **읽어 보세요.**
Let's read.

구	야구	고기	고구마

🎧 **듣고 따라 하세요.**
Listen and repeat.

ㄷ	아	어	오	우	으	이
	다	더	도	두	드	디

📖 **읽어 보세요.**
Let's read.

다리	구두	두유	라디오

듣고 따라 하세요.
Listen and repeat.

ㅂ	아	어	오	우	으	이
	바	버	보	부	브	비

 읽어 보세요.
Let's read.

바다	비	나비	비누

 듣고 따라 하세요.
Listen and repeat.

ㅅ	아	어	오	우	으	이
	사	서	소	수	스	시

 읽어 보세요.
Let's read.

사	의사	가수	버스

듣고 따라 하세요.
Listen and repeat.

ㅈ	아	어	오	우	으	이
	자	저	조	주	즈	지

 읽어 보세요.
Let's read.

모자	의자	바지	아버지

 연습해 보세요.
Let's practice.

1. 선생님이 읽는 글자를 찾으세요.

2. 선생님이 가리키는 글자를 읽으세요.

3. 친구하고 연습해 보세요.

가	거	고	구	그	기
다	더	도	두	드	디
바	버	보	부	브	비
사	서	소	수	스	시
자	저	조	주	즈	지

31

받침① Final consonants

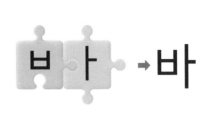

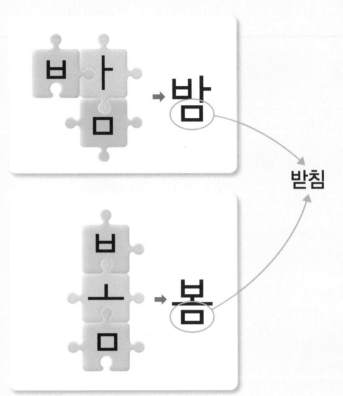

받침

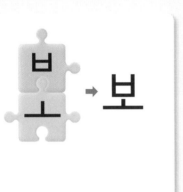

 듣고 따라 하세요.
Listen and repeat.

밤 = 바 + ㅁ [bam]

반 = 바 + ㄴ [ban]

발 = 바 + ㄹ [bal]

방 = 바 + ㅇ [bang]

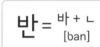

 읽어 보세요.
Let's read.

| 감 | 산 | 귤 | 용 |

연습해 보세요.
Let's practice.

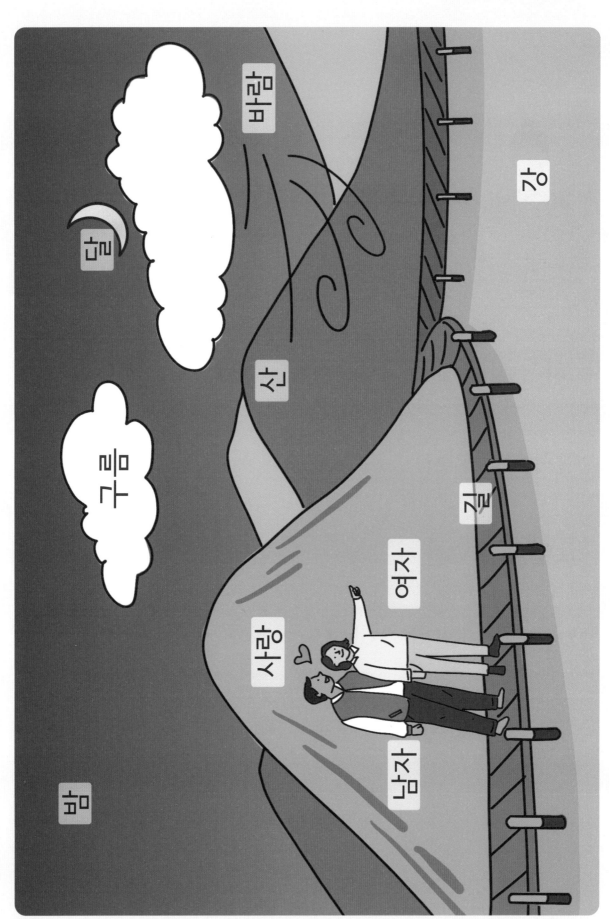

친구가 읽는 단어를 찾아 보세요.
Find the words that your classmates read.

사	비	물	고기	비누	남자
여자	의사	✓우유	두부	의자	감자
교실	이름	일본	신발	부산	서울
아시아	아버지	아이돌	안경	수영장	바나나
봄	여름	가을	겨울	고양이	강아지

가 단어를 읽고 같은 것을 고르세요.
Find the words that are spelled the same.

1. 고기   ❶ 거기   ✓❷ 고기

2. 의자   ❶ 의자   ❷ 의사

3. 바지   ❶ 비자   ❷ 바지

4. 여름   ❶ 여름   ❷ 어른

5. 아이돌   ❶ 아이들   ❷ 아이돌

나 아래 단어를 찾아 색칠하세요.
Find each of the words in the list below and color them.

- ✓ 바다
- ☐ 바나나
- ☐ 아시아
- ☐ 이야기
- ☐ 여름
- ☐ 사랑
- ☐ 서울
- ☐ 의사
- ☐ 의자
- ☐ 교실
- ☐ 양말
- ☐ 손님
- ☐ 신발
- ☐ 장미
- ☐ 수영장

서점	의자	사랑	서울	구두
바다	어른	요리	가방	여름
모기	비	다리	안경	손님
가을	바지	겨울	의사	강아지
고양이	이야기	양말	아버지	물
교실	아이돌	사람	봄	아이
아시아	수영장	신발	장미	바나나

 잘 듣고 맞는 것을 고르세요.
Listen and choose the correct one.

1. ❶ 아 ✔❷ 야
2. ❶ 삼 ❷ 사
3. ❶ 곰 ❷ 공
4. ❶ 이유 ❷ 여유
5. ❶ 자기 ❷ 저기

6. ❶ 오 ❷ 요
7. ❶ 서 ❷ 저
8. ❶ 반 ❷ 밤
9. ❶ 가을 ❷ 거울
10. ❶ 사람 ❷ 사랑

 잘 듣고 그 글자가 있는 단어를 3개씩 찾으세요.
Find three words that contain the letter you heard and put them in the basket.

의사

우유

구름

여름

의자

유명

이름

의미

유리

선생님이 읽는 단어를 빨리 찾으세요.
Find the words that the teacher reads on the board.

사	자	물	불	비	발
밤	영	귤	유리	장미	소리
우유	고기	남자	의사	구름	두부
이름	모기	비자	교실	사람	양말
안경	이름	신발	서울	의자	의미
아이돌	바람	여름	나비	부산	라디오
이유	고구마	고양이	강아지	수영장	바나나

한글② 자음·모음 카드(p.67)를 사용해서 [보기] 단어를 만들어 보세요.
Using the card in Appendix 2, make the words in the box below with your classmates.

[보기]

자	겨울	귤	영	불	발	영어
장미	소리	야구	농구	서울	기름	모기
비자	종이	안경	사람	양말	고구마	여름
의사	사무실	아이들	구름	나비	라디오	바람

3

한글

발음

애에왜웨외

발음

카커코쿠크키

발음

타터토투트티

발음

파퍼포푸프피

발음

차처초추츠치

발음

하허호후흐히

발음

받침②

한글3

말하기

애 에 왜 웨 외	p.40
ㅋ ㅌ ㅍ ㅊ ㅎ	p.41
받침② ㄱ ㅂ ㄷ ㅅ ㅈ	p.44
게임	p.45

읽고 말하기 p.46

듣고 말하기 p.47

게임 p.48

쓰기 p.25

모음 Vowels

애 에　왜 웨 외

🎧 **듣고 따라 하세요.**
Listen and repeat.

애 에　오 애 → 왜　우 에 → 웨　외

👥 **연습해 보세요.**
Let's practice.

1. 선생님이 가리키는 글자를 읽으세요.

2. 친구하고 연습해 보세요.

애	에	왜	웨	외

1.

2.

📖 **읽어 보세요.**
Let's read.

배	가게	돼지	웨딩드레스	왼손

자음 Consonants

ㅋ　ㅌ　ㅍ　ㅊ　ㅎ

듣고 따라 하세요.
Listen and repeat.

ㅋ	가	거	고	구	그	기
	카	커	코	쿠	크	키

읽어 보세요.
Let's read.

카드	카메라	코	스키	케이크

듣고 따라 하세요.
Listen and repeat.

ㅌ	다	더	도	두	드	디
	타	터	토	투	트	티

읽어 보세요.
Let's read.

사탕	테니스	텔레비전	토마토	스케이트

듣고 따라 하세요.
Listen and repeat.

ㅍ	바	버	보	부	브	비
	파	퍼	포	푸	프	피

 읽어 보세요.
Let's read.

팔	볼펜	피자	커피	연필

 듣고 따라 하세요.
Listen and repeat.

ㅊ	자	저	조	주	즈	지
	차	처	초	추	츠	치

읽어 보세요.
Let's read.

기차	자동차	치마	친구	칠

듣고 따라 하세요.
Listen and repeat.

ㅎ	아	어	오	우	으	이
	하	허	호	후	흐	히

읽어 보세요.
Let's read.

공항	핸드폰	비행기	허리	휴지

연습해 보세요.
Let's practice.

1. 선생님이 읽는 글자를 찾으세요.

2. 선생님이 가리키는 글자를 읽으세요.

3. 친구하고 연습해 보세요.

카	커	코	쿠	크	키
타	터	토	투	트	티
파	퍼	포	푸	프	피
차	처	초	추	츠	치
하	허	호	후	흐	히

받침② Final consonants

각ㄱ 각 [gak]	갑ㅂ 갑 [gap]	갇ㄷ 갇	갓ㅅ 갓	갖ㅈ 갖
			[gat]	

 듣고 따라 하세요.
Listen and repeat.

 책 = 채 + ㄱ [chaek]

 집 = 지 + ㅂ [jiip]

 곧 = 고 + ㄷ [got]

 옷 = 오 + ㅅ [ot]

낮 = 나 + ㅈ [nat]

 읽어 보세요.
Let's read.

택시	김밥	숟가락	젓가락	젖소

 연습해 보세요.
Let's practice.

헬리콥터
비행기
낮
기차
텐트
접시
젓가락 숟가락
랜턴
버섯
포크
캠핑카
프라이팬
마시멜로우
삼겹살

같은 카드가 2장씩 있어요. 같은 단어 카드를 찾으세요.
Find two cards with an identical word.

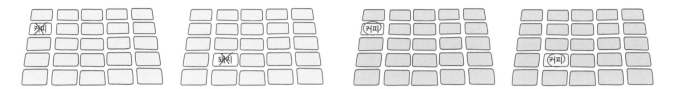

아래 활동지를 2장 복사해서 사용하세요.

COPY

배	게	책	지우개	기차
왼손	돼지	핸드폰	숟가락	휴지
집	카드	스키	케이크	공항
사탕	토마토	테니스	비행기	자동차
학교	커피	볼펜	연필	노래

가 단어를 읽고 같은 것을 고르세요.
Find the words that are spelled the same.

1. 게 　　　　❶ 개 　　　　✓❷ 게

2. 아프리카 　　❶ 아프리카 　　❷ 아메리카

3. 공항 　　　　❶ 공항 　　　　❷ 고향

4. 학교 　　　　❶ 학교 　　　　❷ 학생

5. 숟가락 　　　❶ 젓가락 　　　❷ 숟가락

나 앞 단어의 마지막 글자를 따라가세요.
Find your way across the river by following the words that start with the last syllable of the previous word.

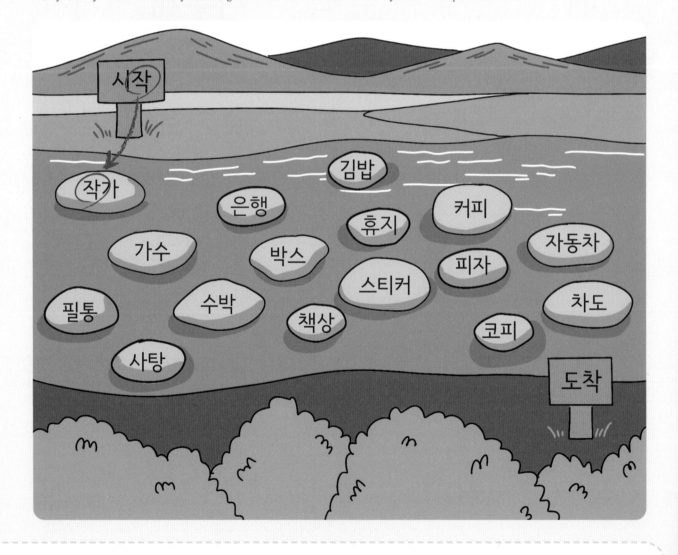

잘 듣고 맞는 것을 고르세요.
Listen and choose the correct one.

1. ✓❶ 에 ❷ 여
2. ❶ 웨 ❷ 에
3. ❶ 다 ❷ 타
4. ❶ 풀 ❷ 툴
5. ❶ 노래 ❷ 아래

6. ❶ 외 ❷ 요
7. ❶ 총 ❷ 콩
8. ❶ 홀 ❷ 폴
9. ❶ 미국 ❷ 태국
10. ❶ 아기 ❷ 악기

 잘 듣고 맞는 것을 고르세요.
Listen and choose the correct one.

1.  (치)／지 마
2.  커／거 튼
3.  헬리콥 터／더
4.  푸／부 들

5.  후／푸 추
6.  머그 컵／컴
7.  복／봉 숭아
8.  초콜 릿／립

1. ❶ 2. ❶ 3. ❷ 4. ❶ 5. ❶ 6. ❶ 7. ❷ 8. ❶ 9. ❷ 10. ❷
1. 치 2. 커 3. 터 4. 푸 5. 후 6. 컵 7. 복 8. 릿

빙고 게임을 하세요.
Play bingo with your partner.

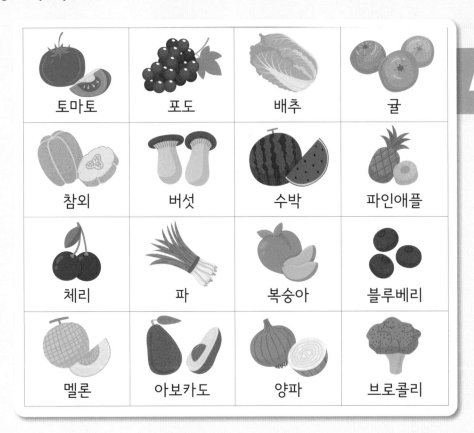

토마토	포도	배추	귤
참외	버섯	수박	파인애플
체리	파	복숭아	블루베리
멜론	아보카도	양파	브로콜리

A

B

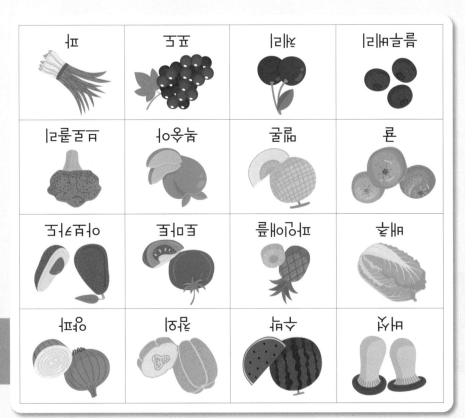

한글 4

발음

애 예 와 워 위

발음

까 꺼 꼬 꾸 끄 끼

발음

따 떠 또 뚜 뜨 띠

발음

빠 뻐 뽀 뿌 쁘 삐

발음

싸 써 쏘 쑤 쓰 씨

발음

짜 쩌 쪼 쭈 쯔 찌

발음

받침③

한글4

말하기

애 예 와 워 위	p.50
ㄲ ㄸ ㅃ ㅆ ㅉ	p.51
받침③ ㅋ ㅍ ㅌ ㅊ ㅎ	p.54
노래 <작은 별>	p.55

읽고 말하기 p.56

듣고 말하기 p.57

게임	p.58

쓰기 p.31

모음 Vowels

애 예 와 워 위

 듣고 따라 하세요.
Listen and repeat.

애 에 | 오 아 | 우 어

애 예 와 워 위

 연습해 보세요.
Let's practice.

1. 선생님이 가리키는 글자를 읽으세요.

2. 친구하고 연습해 보세요.

| 애 | 예 | 와 | 워 | 위 |

1.

2.

 읽어 보세요.
Let's read.

| 얘기 | 시계 | 화장실 | 더워요 | 가위 |

자음 Consonants

ㄱ ㅋ	ㄷ ㅌ	ㅂ ㅍ	ㅅ -	ㅈ ㅊ	ㅇ ㅎ
ㄲ	ㄸ	ㅃ	ㅆ	ㅉ	-

🎧 듣고 따라 하세요.
Listen and repeat.

ㄲ	가	거	고	구	그	기
	까	꺼	꼬	꾸	끄	끼

📖 읽어 보세요.
Let's read.

까만색	어깨	꿀	꿈	토끼

🎧 듣고 따라 하세요.
Listen and repeat.

ㄸ	다	더	도	두	드	디
	따	떠	또	뚜	뜨	띠

📖 읽어 보세요.
Let's read.

딸기	떡	똑똑	뚜껑	뜨거워요

듣고 따라 하세요.
Listen and repeat.

ㅃ	바	버	보	부	브	비
	빠	뻐	뽀	뿌	쁘	삐

 읽어 보세요.
Let's read.

바빠요	빨대	빨간색	빵	예뻐요

 듣고 따라 하세요.
Listen and repeat.

ㅆ	사	서	소	수	스	시
	싸	써	쏘	쑤	쓰	씨

 읽어 보세요.
Let's read.

싸요	비싸요	써요	쓰레기통	날씨

듣고 따라 하세요.
Listen and repeat.

쯔	자	저	조	주	즈	지
	짜	쩌	쪼	쭈	쯔	찌

 읽어 보세요.
Let's read.

날짜	오른쪽	왼쪽	팔찌	찜질방

 연습해 보세요.
Let's practice.

1. 선생님이 읽는 글자를 찾으세요.
2. 선생님이 가리키는 글자를 읽으세요.
3. 친구하고 연습해 보세요.

까	꺼	꼬	꾸	끄	끼
따	떠	또	뚜	뜨	띠
빠	뻐	뽀	뿌	쁘	삐
싸	써	쏘	쑤	쓰	씨
짜	쩌	쪼	쭈	쯔	찌

받침③ Final consonants

ᄀᆨ 각	ᄀᆸ 갑	ᄀᇀ 갇	ᄀᆾ 갗	ᄀᇂ 갛
[gak]	[gap]	[gat]		

 듣고 따라 하세요.
Listen and repeat.

키읔 = 으 + ㅋ [euk]

잎 = 이 + ㅍ [ip]

솥 = 소 + ㅌ [sot]

꽃 = 꼬 + ㅊ [kkot]

히읗 = 으 + ㅎ [eut]

 읽어 보세요.
Let's read.

부엌	무릎	팥빙수	숯불

 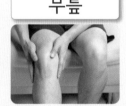  

 연습해 보세요.
Let's practice.

오빠 · 친구 · 빨대 · 엄마 · 아빠 · 떡볶이 · 샌드위치 · 빵 · 딸기 · 키위 · 사과 · 꼬치 · 와플 · 과자

쓰레기통

〈작은 별〉 노래를 불러 보세요.
Let's learn the Korean version of "Twinkle Twinkle Little Star."

반짝반짝 작은별 아름답게 비치네

서쪽하늘에서도 동쪽하늘에서도

반짝반짝 작은별 아름답게 비치네

반 짝 반 짝 작 은 별　아 름 답 게 비 치 네

서 쪽 하 늘 에 서 도　동 쪽 하 늘 에 서 도

반 짝 반 짝 작 은 별　아 름 답 게 비 치 네

가 **단어를 읽고 같은 것을 고르세요.**
Find the words that are spelled the same.

1. 꿀   ✓❶ 꿀   ❷ 꿈

2. 쌀   ❶ 쌀   ❷ 살

3. 빨래   ❶ 발레   ❷ 빨래

4. 반짝   ❶ 번쩍   ❷ 반짝

5. 뜨거워요   ❶ 뜨거워요   ❷ 두꺼워요

나 **'워'를 따라가세요.**
Make your way across the logs by following the syllable "워."

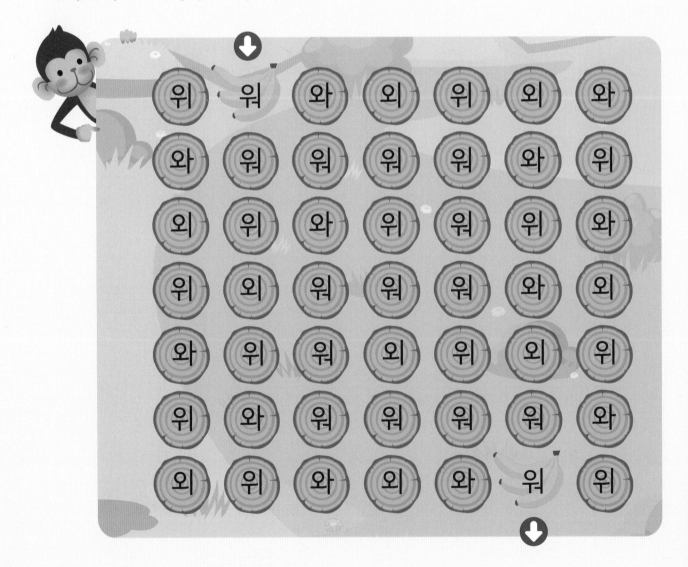

잘 듣고 맞는 것을 고르세요.
Listen and choose the correct one.

1. ✓❶ 위   ❷ 이
2. ❶ 여   ❷ 예
3. ❶ 우   ❷ 워
4. ❶ 쏘   ❷ 또
5. ❶ 뿌   ❷ 뚜

6. ❶ 앞   ❷ 암
7. ❶ 꽃   ❷ 꼭
8. ❶ 짐   ❷ 찜
9. ❶ 공장   ❷ 공짜
10. ❶ 토기   ❷ 토끼

잘 듣고 따라가세요.
Listen carefully to make your way to school.

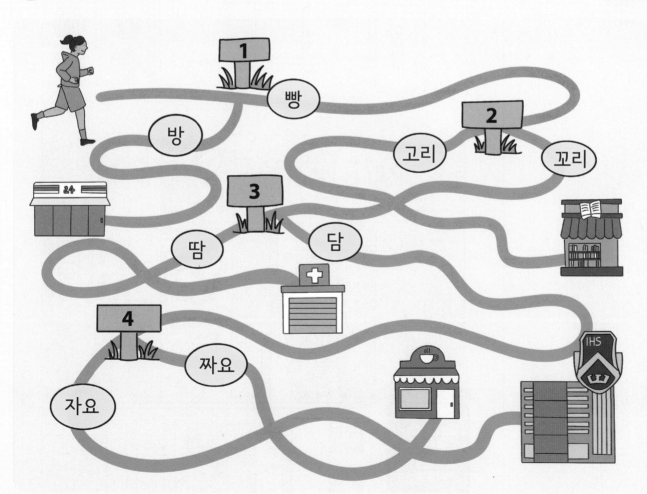

친구가 읽은 간판이 어디에 있어요? 찾아보세요.
Find the signs that your classmates read.

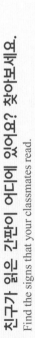

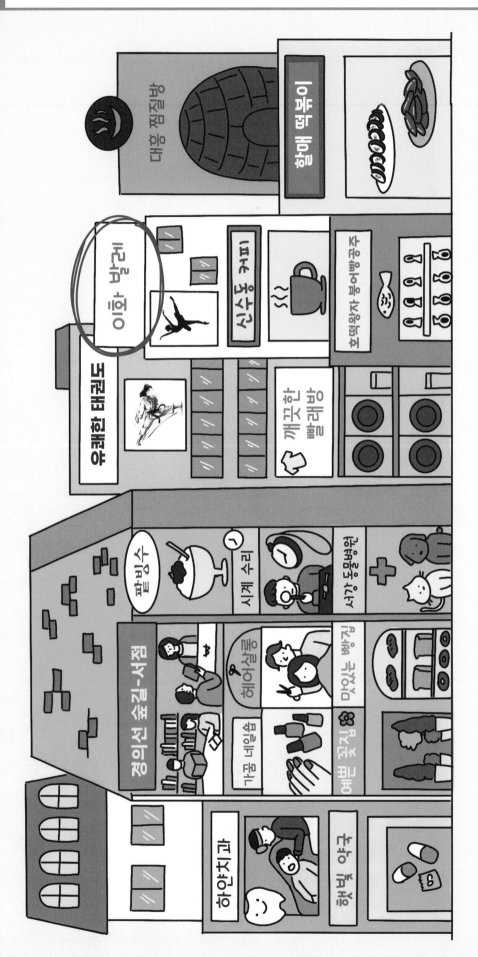

겹받침이 있는 단어를 읽어 보세요.
Practice reading the words with double batchim (final consonants).

밖 낚시

닭 읽다

 ㄱ

앉다

많다

 ㄴ

있다 만났다

ㄷ

여덟 넓다

ㄹ

없다 값

ㅂ

생활 한국어
Korean for Daily Life

인사
Greetings

교실
Classroom

생활
Daily Life

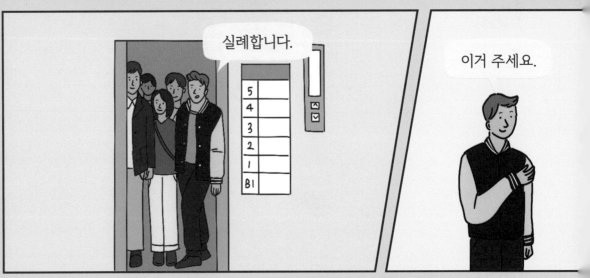

부록 Appendix

정답 ⸺⸺⸺⸺⸺⸺⸺⸺⸺⸺⸺⸺ **64**
Answer Key

한글❶ 글자 카드 ⸺⸺⸺⸺⸺⸺⸺⸺ **65**
Hangeul 1 Letter Cards

한글❷ 자음·모음 카드 ⸺⸺⸺⸺⸺ **67**
Hangeul 2 Consonant and Vowel Cards

트랙 목차 ⸺⸺⸺⸺⸺⸺⸺⸺⸺⸺⸺ **69**
Track List

정답

한글 2 읽고 말하기 p.35

나

서점	의자	사랑	서울	구두
바다	어른	요리	가방	여름
모기	비	다리	안경	손님
가을	바지	겨울	의사	강아지
고양이	이야기	양말	아버지	물
교실	아이돌	사람	봄	교실
아시아	수영장	신발	장미	바나나

한글 3 읽고 말하기 p.46

나

한글 4 읽고 말하기 p.56

나

64

ㅎ	ㅁ	ㄱ	ㄲ
이	미	ㅣㄱ	ㅣㄲ
아	마	ㅏㄱ	ㅏㄲ
어	머	ㅓㄱ	ㅓㄲ
ㅎㅇ	ㅁㅁ	ㄱㄱ	ㄲㄲ
ㅎㅇ	ㅁㅁ	ㄴㄱ	ㄲㅁ

✂ copy

ㄱ	ㄴ	ㄷ	ㄹ	ㅁ	ㅂ	ㅅ	ㅇ	ㅈ
ㄱ	ㄴ	ㄷ	ㄹ	ㅁ	ㅂ	ㅅ	ㅇ	ㅈ
ㄱ	ㄴ	ㄷ	ㄹ	ㅁ	ㅂ	ㅅ	ㅇ	ㅈ
ㄱ	ㄴ	ㄷ	ㄹ	ㅁ	ㅂ	ㅅ	ㅇ	ㅈ

ㅏ	ㅑ	ㅓ	ㅕ	ㅗ	ㅛ	ㅜ	ㅠ	ㅡ	ㅣ
ㅏ	ㅑ	ㅓ	ㅕ	ㅗ	ㅛ	ㅜ	ㅠ	ㅡ	ㅣ
ㅏ	ㅑ	ㅓ	ㅕ	ㅗ	ㅛ	ㅜ	ㅠ	ㅡ	ㅣ
ㅢ	ㅢ	ㅢ	ㅢ	ㅢ					

트랙 TRACK	과 UNIT	내용 CONTENTS	페이지 PAGE
1	한글1	아어오우으이	16
2		단어	16
3		마머모무므미	17
4		단어	17
5		나너노누느니	18
6		단어	18
7		라러로루르리	19
8		단어	19
9		듣고 말하기	22
10	한글2	야여요유의	24
11		단어	24
12		가거고구그기	25
13		단어1	25
14		다더도두드디	25
15		단어2	25
16		바버보부브비	26
17		단어1	26
18		사서소수스시	26
19		단어2	26
20		자저조주즈지	27
21		단어	27
22		바밤보봄	28
23		밤반발방	28
24		단어	28
25		듣고 말하기1	32
26		듣고 말하기2	32

트랙 TRACK	과 UNIT	내용 CONTENTS	페이지 PAGE
27	한글3	애에왜웨외	36
28		단어	36
29		카커코쿠크키	37
30		단어1	37
31		타터토투트티	37
32		단어2	37
33		파퍼포푸프피	38
34		단어1	38
35		차처초추츠치	38
36		단어2	38
37		하허호후흐히	39
38		단어	39
39		각갑갇갓갖	40
40		단어1	40
41		단어2	40
42		듣고 말하기1	43
43		듣고 말하기2	43
44	한글4	얘예와워위	46
45		단어	46
46		까꺼꼬꾸끄끼	47
47		단어1	47
48		따떠또뚜뜨띠	47
49		단어2	47
50		빠뻐뽀뿌쁘삐	48
51		단어1	48
52		싸써쏘쑤쓰씨	48
53		단어2	48
54		짜쩌쪼쭈쯔찌	49
55		단어	49
56		각갂같갖갗	50
57		단어1	50
58		단어2	50
59		작은 별	51
60		듣고 말하기1	53
61		듣고 말하기2	53
62	겹받침	ㄲ ㄺ ㄳ ㄶ	55
63		ㅆ	55
64		ㄿ ㅄ	55

<서강한국어 한글 Hangeul(2024)>

집필진 Authors

이석란 Lee Seok-ran

서강대학교 한국어교육원 교수
Professor, KLEC, Sogang University

이화여자대학교 한국학과 한국어교육전공 박사 수료
Ph.D. Candidate in Teaching Korean as a Foreign Language, Ewha Womans University

최연재 Choe Yeon-jae

서강대학교 한국어교육원 대우전임강사
Instructor, KLEC, Sogang University

한국외국어대학교 국어국문학과 한국어교육전공 박사 수료
Ph.D. Candidate in Teaching Korean as a Foreign Language, Hankuk University of Foreign Studies

구은미 Koo Eun-mi

서강대학교 한국어교육원 대우전임강사
Instructor, KLEC, Sogang University

오사카외국어대학 국제언어사회전공 일본어교육 석사
M.A. in Japanese Language Education, Osaka University of Foreign Studies

윤자경 Yun Ja-kyung

서강대학교 한국어교육원 대우전임강사
Instructor, KLEC, Sogang University

서울대학교 국어교육과 한국어교육전공 석사
M.A. in Korean Language Education, Seoul National University

연구보조원 Research Assistants

홍고은 Hong Ko-eun

서강대학교 한국어교육원 대우전임강사
Instructor, KLEC, Sogang University

서울대학교 국어교육과 한국어교육전공 박사 수료
Ph.D. Candidate in Korean Language Education, Seoul National University

이진주 Lee Jin-ju

서강대학교 한국어교육원 대우전임강사
Instructor, KLEC, Sogang University

서울대학교 국어교육과 한국어교육전공 석사
M.A. in Korean Language Education, Seoul National University

영문 번역 English Translation

카루쓰 데이빗 David Carruth

전문번역가
Korean-English Translator

존브라운대학교 영어영문학과 학사
B.A. in English Literature, John Brown University

외부 자문 Outside Counsel

남애리 Nam Ae-ree

네덜란드 레이던대학교 한국학과 교수
Lecturer, Korean Studies, Leiden University

위스콘신대학교 제2언어습득 박사
Ph.D. in Second Language Acquisition, University of Wisconsin, Madison

내부 감수 Internal Editor

김정아 Kim Jeong-a

서강대학교 한국어교육원 대우전임강사
Instructor, KLEC, Sogang University

중앙대학교 노어학과 석사
M.A. in Russian Linguistics, Chung-Ang University

교정·교열 Copyediting and Proofreading

최선영 Choi Sun-young

서강대학교 한국어교육원 대우전임강사
Instructor, KLEC, Sogang University

이화여자대학교 한국학과 한국어교육전공 석사
M.A. in Korean Language Education, Ewha Womans University

영문 감수 English Proofreading

강사희 Kang Sa-hie

미국 미들베리칼리지 한국어교육원 원장 겸 교수
Professor of Korean and Director, School of Korean, Middlebury College

플로리다대학교 언어학 박사
Ph.D. in General Linguistics, University of Florida

백승주 Baek Seung-joo

전남대학교 국어국문학과 교수
Professor, Korean Language and Literature, Chonnam National University

연세대학교 국어국문학과 박사
Ph.D. in Korean Language and Literature, Yonsei University

엄혜진 Eom Hye-jin

서강대학교 한국어교육원 대우전임강사
Instructor, KLEC, Sogang University

한양대학교 교육공학 석사
M.A. in Educational Technology, Hanyang University

제작진 Staff

디자인·제작 도서출판 하우
Book Design

일러스트 장명진, 이새, 강정연, 이성우
Illustration

출판에 도움을 주신 분 Special Thanks

소중한 도움을 주신 서강대학교 한국어교육원의 선생님들, 학생들 그리고 행정직원 선생님들께 감사의 마음을 전합니다. 그리고 교재 집필 중에 지원과 격려를 아끼지 않은 가족분들과 친구들에게 감사드립니다.

We would like to thank the following people for their valuable assistance: the teachers, students and administrative staff at the Sogang University Korean Education Language Center. We would also like to thank our family and friends for their support and encouragement during the writing of the textbook.

저작권

© 2024 서강대학교 한국어교육원

이 책의 저작권은 서강대학교 한국어교육원에 있습니다. 서면에 의한 저자의 허락 없이 내용의 일부를 인용하거나 발췌하는 것을 금합니다.

Copyright ©2024

주소   서울시 마포구 백범로 35 서강대학교 한국어교육원
Tel   (82-2) 713-8005
Fax   (82-2) 701-6692
E-mail   jphong@sogang.ac.kr

 서강대학교 한국어교육원
http://klec.sogang.ac.kr
K.L.E.C

 서강한국어 교사 사이트
http://koreanteachers.org
Sogang Korean Teachers

 여름 특별과정(7-8월)
http://koreanimmersion.org
S.K.I.P

세트

ISBN   979-11-6748-153-5   서강한국어 STUDENT'S BOOK 1A
        979-11-6748-156-6   서강한국어 STUDENT'S BOOK 1A 영어 문법·단어참고서 (비매품)
        979-11-6748-157-3   서강한국어 STUDENT'S BOOK 1A 중국어 문법·단어참고서
        979-11-6748-158-0   서강한국어 STUDENT'S BOOK 1A 일본어 문법·단어참고서
        979-11-6748-159-7   서강한국어 STUDENT'S BOOK 1A 태국어 문법·단어참고서
        979-11-6748-154-2   서강한국어 WORKBOOK 1A
        979-11-6748-155-9   서강한국어 WRITING BOOK 1A
        979-11-6748-160-3   서강한국어 한글

출판·판매·유통

초판 발행   2024년 8월 22일
펴낸이   박영호
펴낸곳   (주)도서출판 하우
주소   서울시 중랑구 망우로68길 48
Tel   (82-2) 922-7090   Fax   (82-2) 922-7092
홈페이지   http://www.hawoo.co.kr   E-mail   hawoo@hawoo.co.kr
등록번호   제2016-000017호